シリーズ
シニアが笑顔で楽しむ⓫

シニアのための
ヒット曲&名曲で
フィットネス

斎藤道雄 著

黎明書房

はじめに

シニアのフィットネスに「涙そうそう」を選んだ理由

　この本は，シニアの運動や健康づくりを支援する人が，またはシニアご本人が，もっと気持ちよく，もっと楽しみながらからだをしなやかに動かすために，音楽を活用しましょうとご提案する本です。

　ぼくは，日ごろ，いろいろな方法で，シニアのからだが動くようにアプローチしています。なかでも，**音楽の効果は抜群です。**
　あまり積極的にからだを動かさない人でも，音楽があれば，自然にからだが動きます。

　音楽には，自然にシニアのからだを動かす魔力があります。

　さて，ぼくがシニアのフィットネスに「涙そうそう」を選んだのには，２つの理由があります。
　それは，あの**ゆったりしたテンポと，心地のよいきれいなメロディです。**

　あるフィットネスクラブでは，ヨガや太極拳が，シニアに大人気です。シニアが運動をするときには，スローなテンポで，ある一定時間動き続けることが大切です。
　また，シニア本人も，そのことをよく心得ているのです。

きれいなメロディを聴きながら,
ごく自然にからだが動かせ,
ゆったりしたスローなテンポで,
ある一定の時間動き続けることができる。

それが,涙そうそうを選んだ理由です。

「シニアが知らない音楽でも大丈夫なの？」
そう心配する人もいるかもしれませんが,その必要はまったくありません。
　ここで**重要なのは,からだを動かしやすい音楽を選曲することです**。音楽を知っているかどうかは関係のないことです。

　本書には,「涙そうそう」のほかにも,「青葉城恋唄」,「愛燦燦（さんさん）」など,全部で8曲の歌があります。ひとつの歌には,2つから3つのバリエーションがあります。
　全部を合わせると,21のフィットネスを楽しむことができます。

「体操がマンネリして困っている」
「レパートリーを増やしたい」
「楽しくからだを動かしたい」
　そう思う人は,この本にある音楽を使ってみてください。
　きっと,これまでの体操のイメージが変わるはずです。

ムーブメントクリエイター　斎藤道雄

も　く　じ

はじめに　シニアのフィットネスに「涙そうそう」を選んだ理由　1
本書の上手な活用のしかた　6

ウォーミングアップはこれでOK！
やさしい動きのエクササイズ

① 指を曲げる，ひらく　8
② 両手を前からあげて前からおろす　10
③ 両手を前からあげて横からおろす　12
④ 両手を横からあげて横からおろす　14
⑤ 肩をあげてさげる　16
⑥ 頭を左右にたおす　18
⑦ 頭を前後にたおす　20
⑧ 頭をまわす　22
⑨ 足ぶみをする　24
⑩ 手をたたく　26

ヒット曲＆名曲フィットネスの特色　28

楽しんでやりましょう！
実践，ヒット曲＆名曲でフィットネス

1 「涙そうそう」でフィットネス
   穏やかで，やさしい気持ちになれる素敵な体操　30
   ●イージー・エクササイズ　32
   ●エンジョイ・エクササイズ　34

2 「青葉城恋唄」でフィットネス
   まるで大自然の中にいるような心地よい体操　36
   ●イージー・エクササイズ　38
   ●エンジョイ・エクササイズ　40

3 「愛燦燦」でフィットネス
   優雅で華麗に舞うような心地よさになる体操　42
   ●イージー・エクササイズ　44
   ●エンジョイ・エクササイズ　46

4 「埴生の宿」でフィットネス
   美しい歌で，しなやかな身のこなしに　48
   ●イージー・エクササイズ　50
   ●エンジョイ・エクササイズ　52
   ●チャレンジ・エクササイズ　54

5 「ノーエ節」でフィットネス
   まるで宴のように大盛り上がりする楽しい体操　56
   ●イージー・エクササイズ　58
   ●エンジョイ・エクササイズ　60

もくじ

　　●チャレンジ・エクササイズ　62

6　「大漁節」でフィットネス
　　歌えば元気が出る，元気が出ればからだが動く　64
　　●イージー・エクササイズ　66
　　●エンジョイ・エクササイズ　68
　　●チャレンジ・エクササイズ　70

7　「旅愁」でフィットネス
　　ゆっくりと，静かに，美しく　72
　　●イージー・エクササイズ　74
　　●エンジョイ・エクササイズ　76
　　●チャレンジ・エクササイズ　78

8　「冬景色」でフィットネス
　　幻想的なことばの響きに，こころが洗われます　80
　　●イージー・エクササイズ　82
　　●エンジョイ・エクササイズ　84
　　●チャレンジ・エクササイズ　86

おわりに　ことばだけでもきちんとわかる動きにこだわる　88

本書の上手な活用のしかた

- はじめに「やさしい動きのエクササイズ」を練習しましょう（ウォーミングアップのかわりにもなります）。
- 時間のないときには,「やさしい動きのエクササイズ」(P. 7〜）または,「ヒット曲＆名曲でフィットネス」(P. 29〜) のどちらかだけを実践しても OK です。
- 実際に曲を流しながら, いろいろな曲にトライしてみましょう。
- いろいろなフィットネスレベルにトライしてみましょう。
- 曲に前奏や間奏があるときは, 大きく深呼吸をしましょう。
- 手を横にひろげてもぶつからないくらいに, じゅうぶんな間隔を空けて行いましょう。
- きまった動作を正しく行うことよりも, 楽しみながらからだを動かすことを重視しましょう（楽しんでやりましょう）。

ウォーミングアップはこれでOK！
やさしい動きのエクササイズ

 # 指を曲げる，ひらく

● **動かしかた**

① 立位，座位どちらでも OK です。
② 足を肩幅にひろげて，背筋を伸ばします。
③ ひじを曲げて，両手を胸の前で，指を大きくひらきます。
④ **指を徐々に曲げて，手をにぎります（グーにします）。**
⑤ **指を徐々に伸ばして，手をひらきます（パーにします）。**

● **リズム**

はじめの2つで指を曲げて，あとの2つで指を伸ばしましょう。

・「いち，にい」で，指を曲げる（グー）。
・「さん，しい」で，指を大きくひらく（パー）。
・「ごお，ろく」で，指を曲げる（グー）。
・「しち，はち」で，指を大きくひらく（パー）。

実際に，声を出して，かぞえながら練習してみましょう。

● **ポイント**

○グーのときは，親指をほかの4本の指でつかみましょう。
○パーのときは，親指から小指まで，すべての指に力を入れて，伸ばしましょう。
○グーのときは，からだを丸めて小さくなってみましょう。

やさしい動きのエクササイズ

グーのときは，親指をつかむ

 **両手を前からあげて前からおろす**

● 動かしかた

① 立位，座位どちらでも OK です。
② 足を肩幅にひろげて，背筋を伸ばします。
③ 両手（両腕）は，からだの横にさげておきます。
④ **さげた両腕を，前から上へ，徐々にあげます。**
⑤ **あげた両腕を，前から下へ，徐々におろします。**

● リズム

　はじめの4つで両腕を徐々に持ちあげて，あとの4つで両腕を徐々におろしましょう。
　　・「いち，にい，さん，しい」で，両腕をあげる。
　　・「ごお，ろく，しち，はち」で，両腕をおろす。
　実際に，声を出して，かぞえながら練習してみましょう。

● ポイント

○手と腕の力を抜いてやりましょう。
○**柔らかく動かすように心がけましょう。**
○無理をして高くあげる必要はありません。自分で動かせる範囲で行いましょう。

やさしい動きのエクササイズ

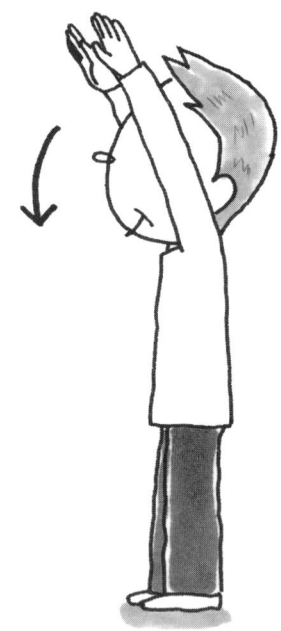

腕を前から徐々に持ちあげて，徐々におろす

 # 両手を前からあげて横からおろす

● 動かしかた

① 立位,座位どちらでも OK です。
② 足を肩幅にひろげて,背筋を伸ばします。
③ 両手(両腕)は,からだの横にさげておきます。
④ **さげた両腕を,前から上へ,徐々にあげます。**
⑤ **あげた両腕を,横から下へ,徐々におろします。**

● リズム

　はじめの4つで両腕を前から持ちあげて,あとの4つで両腕を横からおろしましょう。
　　　・「いち,にい,さん,しい」で,両腕を前からあげる。
　　　・「ごお,ろく,しち,はち」で,両腕を横からおろす。
　実際に,声を出して,かぞえながら練習してみましょう。

● ポイント

○**腕の力を抜いて,柔らかく動かしましょう。**
○両腕を上にあげたときに,手のひらを外側に向けます。
○手のひらを下にしながら,腕をおろしましょう。

やさしい動きのエクササイズ

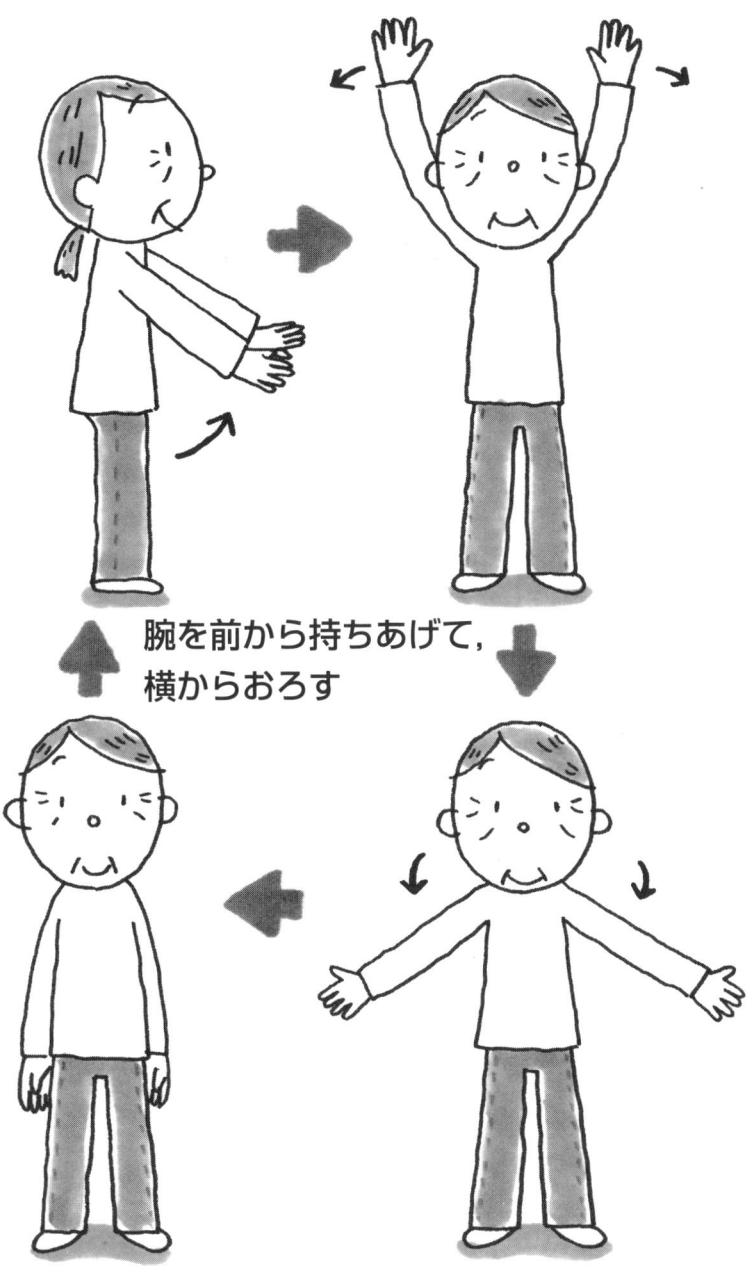

腕を前から持ちあげて，横からおろす

 ## 両手を横からあげて横からおろす

● **動かしかた**

① 立位, 座位どちらでも OK です。
② 足を肩幅にひろげて, 背筋を伸ばします。
③ 両手（両腕）の力を抜いて, からだの横にさげておきます。
④ **さげた両腕を, 横から上へ, 徐々にあげます。**
⑤ **あげた両腕を, 横から下へ, 徐々におろします。**

● **リズム**

　はじめの4つで両腕を横から持ちあげて, あとの4つで両腕を横からおろしましょう。
　　・「いち, にい, さん, しい」で, 両腕を横からあげる。
　　・「ごお, ろく, しち, はち」で, 両腕を横からおろす。
　実際に, 声を出して, かぞえながら練習してみましょう。

● **ポイント**

○手のひらを下にしながら, 腕を持ちあげましょう。
○手のひらを下にしながら, 腕をおろしましょう。
○**白鳥が, 羽を動かすようなイメージでやってみましょう。**

やさしい動きのエクササイズ

腕を横から持ちあげて，横からおろす

肩をあげてさげる

● 動かしかた

① 立位，座位どちらでも OK です。
② 足を肩幅にひろげて，背筋を伸ばします。
③ 両手（両腕）の力を抜いて，からだの横にさげておきます。
④ **肩を耳につけるように徐々に上にあげます。**
⑤ **肩をゆっくりと下にさげます。**

● リズム

　はじめの4つで肩を徐々に持ちあげて，あとの4つで肩を徐々にさげましょう。
　　・「いち，にい，さん，しい」で，肩をあげる。
　　・「ごお，ろく，しち，はち」で，肩をさげる。
　実際に，声を出して，かぞえながら練習してみましょう。

● ポイント

○はじめに，腕の力を抜いて，ダランとさげておきましょう。
○肩甲骨から動かすつもりでやりましょう。
○**肩を耳につけるようなつもりで持ちあげましょう。**

やさしい動きのエクササイズ

肩を耳につけるようなつもりで

頭を左右にたおす

● 動かしかた

① 立位,座位どちらでもOKです。
② 足を肩幅にひろげて,背筋を伸ばします。
③ 両手をからだの後ろで組みます。
④ **頭をゆっくりと左にたおします。**
⑤ **一度もとに戻してから,ゆっくりと反対(右)にたおします。**

● リズム

　はじめの4つで頭を横にたおして,あとの4つでもとに戻しましょう。
　　　・「いち,にい,さん,しい」で,頭を横にたおす。
　　　・「ごお,ろく,しち,はち」で,頭をもとに戻す。
反対も同じように繰り返します。
実際に,声を出して,かぞえながら練習してみましょう。

● ポイント

○ゆっくりと,ていねいに動かしましょう。
○頭を真横にたおすように,イメージしましょう。
○一度もとに戻してから,反対にたおします。

やさしい動きのエクササイズ

頭を真横にたおす

 # 頭を前後にたおす

● **動かしかた**

① 立位，座位どちらでも OK です。
② 足を肩幅にひろげて，背筋を伸ばします。
③ 両手をからだの後ろで組みます。
④ **頭をゆっくりと前にたおします。**
⑤ **一度もとに戻してから，ゆっくりと後ろにたおします。**

● **リズム**

　はじめの4つで頭を前にたおして，あとの4つでもとに戻しましょう。
　　・「いち，にい，さん，しい」で，頭を前にたおす。
　　・「ごお，ろく，しち，はち」で，頭をもとに戻す。
　後ろも同じように繰り返します。
　実際に，声を出して，かぞえながら練習してみましょう。

● **ポイント**

○ゆっくりと，静かに動かしましょう。
○一度もとに戻してから，反対にたおします。
○**あごを上下に動かすように，意識しましょう。**

やさしい動きのエクササイズ

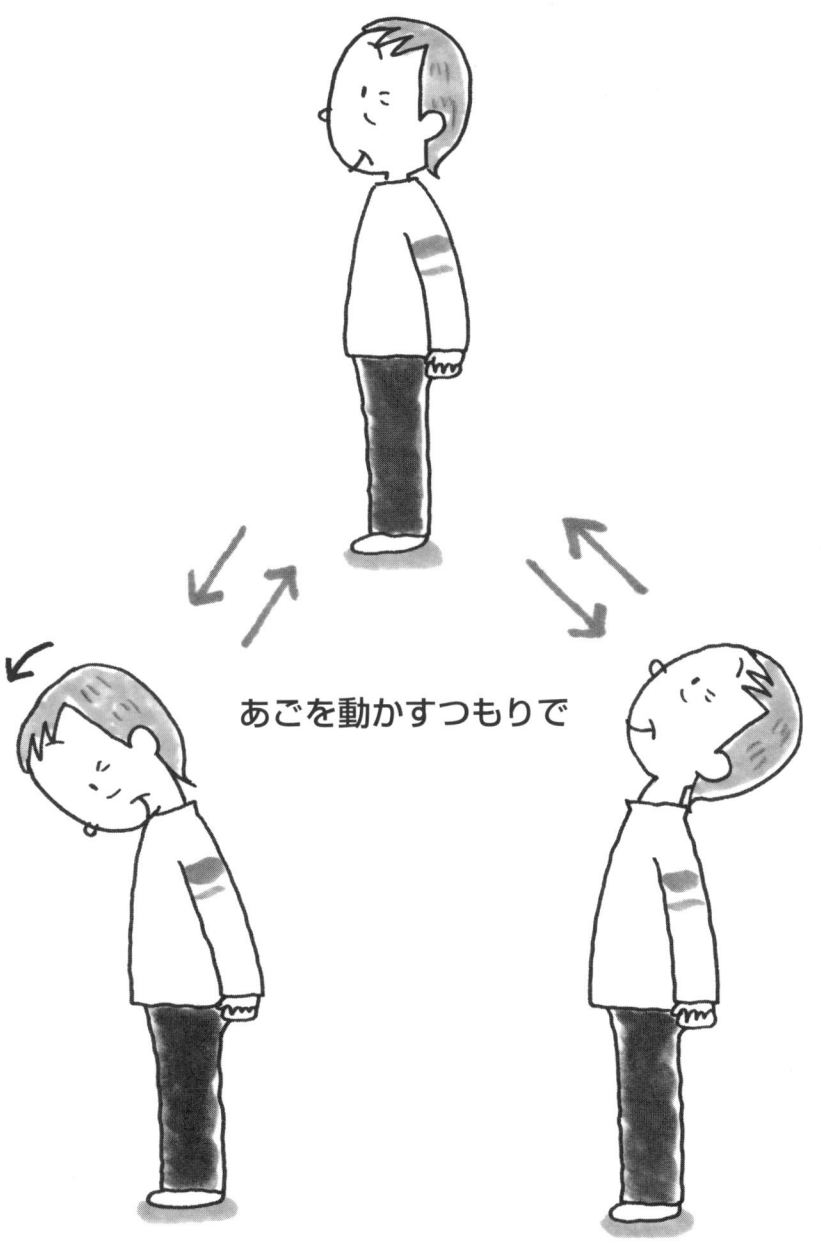

あごを動かすつもりで

21

頭をまわす

● 動かしかた

① 立位，座位どちらでも OK です。
② 足を肩幅にひろげて，背筋を伸ばします。
③ 両手をからだの後ろで組みます。
④ **頭を前にたおして，そこから，頭を左にまわし，一周します。**
⑤ **もとに戻ったら，反対（右）に，一周まわします。**

● リズム

8つで，頭が一周するように，まわしましょう。
・「いち，にい，さん，しい」で，頭を半周（前から後ろへ）まわす。
・「ごお，ろく，しち，はち」で，残り半周（後ろから前へ）まわす。
反対も同じように繰り返します。
実際に，声を出して，かぞえながら練習してみましょう。

● ポイント

○頭を前にたおしたところ（あごをさげたところ）から始めます。
○ゆっくりとていねいに動かしましょう。
○**頭の重さを感じながら行いましょう。**

やさしい動きのエクササイズ

頭の重さを感じながら

足ぶみをする

● **動かしかた**

① 立位，座位どちらでも OK です。
② 足を肩幅にひろげて，背筋を伸ばします。
③ **軽く手をにぎって，腕を前後に振りながら，**
④ **その場で足ぶみをします。**

● **リズム**

ひとつかぞえるごとに，1歩ずつ足ぶみをしましょう。
・「いち，にい，さん，しい，ごお，ろく，しち，はち」で，8歩になる。

実際に，声を出して，かぞえながら練習してみましょう。

● **ポイント**

○**腕を前後に振りながら，元気よくやりましょう。**
○体力に余裕のある人は，ひざを高くあげましょう。
○前を見て（足もとを見ないように），足ぶみしましょう。

やさしい動きのエクササイズ

腕を前後に振りながら行う

手をたたく

● 動かしかた

① 立位，座位どちらでも OK です。
② 足を肩幅にひろげて，背筋を伸ばします。
③ 軽くひじを曲げて，両手を前に出します。
④ **からだの前で手をたたきます。**

● リズム

2つで1回，手をたたきます。
　・「いち，にい」で1回，手をたたく。
　・「さん，しい」で1回，手をたたく。
　・「ごお，ろく」で1回，手をたたく。
　・「しち，はち」で1回，手をたたく。
実際に，声を出して，かぞえながら練習してみましょう。

● ポイント

○**手と腕を，大きく動かしましょう。**
○できるだけ，大きな音を出してみましょう。
○同じリズムで，ひざをたたいてみましょう。

やさしい動きのエクササイズ

手と腕を大きく動かす

ヒット曲＆名曲フィットネスの特色

・シニア（おとな）のために創作したフィットネスです。
・「涙そうそう」,「青葉城恋唄」,「愛燦燦」など,昭和から平成のヒット曲を中心に,フィットネスを実践します。
・誰にでも簡単にできるように,とてもやさしい動きだけで創作しています。
・自立や要支援だけでなく,要介護シニアにもやさしくできる内容です。
・「グー」「パー」など,ことばだけでも理解できるので,目の不自由な人にも簡単にできます。
・ひとつの歌（フィットネス）には,体力に合わせて,異なるレベルのエクササイズを用意しています。体力や身体レベルに合わせて行いましょう。

  イージー・エクササイズ……（2つから3つのパターン）
  エンジョイ・エクササイズ…（2つから4つのパターン）
  チャレンジ・エクササイズ…（3つから5つのパターン）

楽しんでやりましょう！
実践，ヒット曲&名曲でフィットネス

1 「涙(なだ)そうそう」でフィットネス
穏やかで，やさしい気持ちになれる素敵な体操

　「涙そうそう」とは，沖縄の言葉で「涙がぽろぽろこぼれ落ちる」という意味です。

　そんな「涙そうそう」のきれいなメロディと，ゆったりとしたテンポは，シニアが体操をするのに，まさにピッタリです。

　はじめて実践したときに，参加者の動きと表情を見て，「これは絶対にいける！」と確信しました。
　まるで音楽に酔いしれるように，とても心地よさそうにからだを動かしていました。
　これまでにないような，とても素敵な大人（シニア）の体操にしあがりました。

　「涙そうそう」は，穏やかで，やさしい気持ちになれる大人（シニア）のための体操です。

―― **おもなからだの動き** ――
指を曲げる（ひらく），腕をあげる（おろす）

涙そうそう

作詞　森山良子

作曲　BEGIN

古いアルバムめくり　ありがとうってつぶやいた
いつもいつも胸の中　励ましてくれる人よ
晴れ渡る日も　雨の日も　浮かぶあの笑顔
想い出遠くあせても
おもかげ探して　よみがえる日は　涙そうそう

一番星に祈る　それが私のくせになり
夕暮れに見上げる空　心いっぱいあなた探す
悲しみにも　喜びにも　おもうあの笑顔
あなたの場所から私が
見えたら　きっといつか　会えると信じ　生きてゆく

晴れ渡る日も　雨の日も　浮かぶあの笑顔
想い出遠くあせても
さみしくて　恋しくて　君への想い　涙そうそう
会いたくて　会いたくて　君への想い　涙そうそう

＊ イージー・エクササイズ ＊

メロディに合わせて，歌詞の下の数字の動作（右ページ）を行います。

古い　アルバム　めくり　ありがとうって　つぶやいた
❶　　❷　　　❶　　　❷　　❶　　　❷　　　　❶　　　❷

いつもいつも　胸の中　励まして　くれる人よ
❶　　　❷　　❶　❷　❶　❷　　　❶　　　❷

晴れ渡る日も　雨の日も　浮かぶあのえがお
❸　　　　　　❹　　　　❸　　　　　　❹

想い出遠く　あせても　おもかげ　探して
❸　　　　　❹　　　　❶　　❷　❶　❷

よみがえる日は　涙そうそう
❸　　　　　　　❹

実践，ヒット曲＆名曲でフィットネス

指を曲げる（グーにする）

指をひらく（パーにする）

両手を前から上にあげる

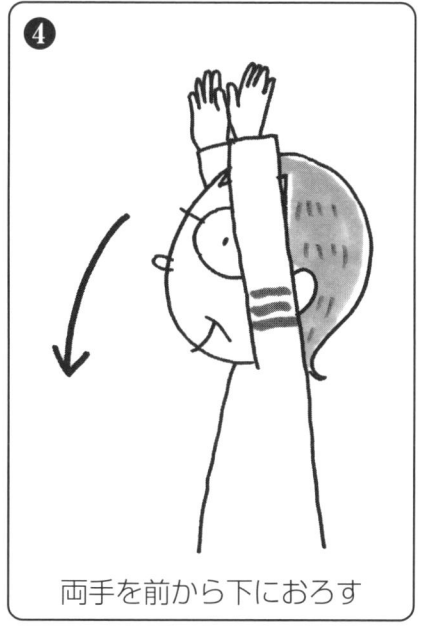

両手を前から下におろす

＊ エンジョイ・エクササイズ ＊

メロディに合わせて，歌詞の下の数字の動作（右ページ）を行います。

古い　アルバム　めくり　ありがとうって　つぶやいた
❶　　❷　　　❶　　❷　　❶　　　❷　　　❶　　❷

いつもいつも　胸の中　励まして　くれる人よ
❸〜〜〜〜〜〜〜〜〜〜〜〜〜〜〜〜〜〜〜〜→

晴れ渡る日も　雨の日も　浮かぶあのえがお
❹　　　　　　❺　　　　❹　　　　　　❺

想い出遠く　あせても　おもかげ　探して
❹　　　　　❺　　　　❸〜〜〜〜〜〜→

よみがえる日は　涙(なだ)そうそう
❹　　　　　　　❺

実践，ヒット曲＆名曲でフィットネス

❶ 指を曲げる（グーにする）

❷ 指をひらく（パーにする）

❸ 両手を前に伸ばして，手をぶらぶらする

❹ 両手を前から上にあげる

❺ 両手を前から下におろす

2 「青葉城恋唄」でフィットネス
まるで大自然の中にいるような心地よい体操

「素敵なメロディ！」
「感動しました！」
「とってもいいうた〜！」
　青葉城恋唄でフィットネスをすると，参加者は，直接ぼくに言います。
　そういう意味では，**実際の現場で，人気ナンバーワンの歌**だと言えます。
　青葉城恋唄は，1978年（昭和53年）のヒット曲です。
　現在65歳のシニアは，そのときには，30歳ということになります。ちなみに，ぼくは，当時13歳でした。

　青葉城恋唄のイントロは，まるで，小川のせせらぎの音を聴いているかのようなメロディです。
　大自然の中にいるようで，とても気持ちが癒やされます。
　気持ちがリラックスすることで，肩の力もストンと抜けて，自然にからだもよく動くようになります。

―――― おもなからだの動き ――――
指を曲げる（ひらく），腕をあげる（おろす），肩をあげる（さげる）

青葉城恋唄

作詞　星間船一
作曲　さとう宗幸

広瀬川流れる岸辺　想い出はかえらず
早瀬躍る光に揺れていた君の瞳
時はめぐりまた夏が来て
あの日とおなじ流れの岸
瀬音ゆかしき杜の都　あの人はもういない

七夕の飾りは揺れて　想い出はかえらず
夜空　輝く星に願いをこめた君の囁き
時はめぐりまた夏が来て
あの日とおなじ七夕祭り
葉ずれさやけき杜の都　あの人はもういない

青葉通り薫る葉　緑　想い出はかえらず
樹かげこぼれる灯にぬれていた君の頬
時はめぐりまた夏が来て
あの日とおなじ通りの角
吹く風やさしき杜の都　あの人はもういない

時はめぐりまた夏が来て
あの日とおなじ流れの岸
瀬音ゆかしき杜の都　あの人はもういない

＊ イージー・エクササイズ ＊

メロディに合わせて，歌詞の下の数字の動作（右ページ）を行います。

広瀬川　　流れる岸辺　　想い出は　　かえらず
❶　　❷❶　　　❷❶　　　❷❶　　　❷

早瀬　　躍る光に　　揺れていた君の瞳
❶❷　❶　　❷❶　　　　❷❶❷

時はめぐり　また夏が来て
❸　　　　❹

あの日とおなじ　流れの岸
❸　　　　　　❹

瀬音ゆかしき　杜（もり）の都　あの人はもういない
❸　　　　　　❹　　❸　　　　　❹

実践，ヒット曲＆名曲でフィットネス

❶ 指を曲げる（グーにする）

❷ 指をひらく（パーにする）

❸ 両手を前から徐々にあげる

❹ 両手を前から徐々におろす

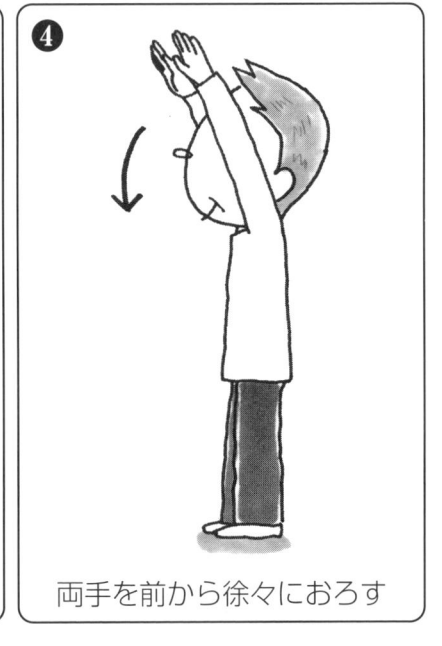

✳ エンジョイ・エクササイズ ✳

メロディに合わせて，歌詞の下の数字の動作（右ページ）を行います。

広瀬川　　流れる岸辺　　想い出は　　かえらず
❶　　❷　❶　　　❷　❶　　　❷　❶　　　❷

早瀬　　躍る光に　　揺れていた君の瞳
❸　　❹　　　　❸　　　　❹

時はめぐり　また夏が来て
❺　　　　❻

あの日とおなじ　流れの岸
❺　　　　　　❻

瀬音ゆかしき　杜(もり)の都　あの人はもういない
❺　　　　　　❻　　　❺　　　　❻

実践，ヒット曲＆名曲でフィットネス

❶ 指を曲げる（グーにする）

❷ 指をひらく（パーにする）

❸ 肩を徐々にあげる

❹ 肩を徐々にさげる

❺ 両手を前から徐々にあげる

❻ 両手を横から徐々におろす

3 「愛燦燦（あいさんさん）」でフィットネス
優雅で華麗に舞うような心地よさになる体操

愛燦燦でフィットネスをすると，
「素敵な歌声ですね。」
ほとんどの人は，こう言います。

素敵な歌声には，人のからだを動かす力があります。
そういう意味で，あの，美空ひばりさんの歌声には，人のからだを動かす抜群のパワーがあります。

この歌とメロディを聴くと，シニアのからだの動きがよくなるのが，はっきりとわかります。

驚くことに，それまで，ほとんど何もしなかったような人でさえも，このときばかりは動き始めます。

愛燦燦でフィットネスは，まるで蝶が舞うように，優雅で，華麗で，素敵な体操です。

───── おもなからだの動き ─────
指を曲げる（ひらく），腕をあげる（おろす）

実践，ヒット曲&名曲でフィットネス

愛燦燦
（あいさんさん）

作詞・作曲　小椋佳

雨　潸潸と　この身に落ちて
わずかばかりの運の悪さを　恨んだりして
人は哀しい　哀しいものですね

それでも過去達は　優しく睫毛に憩う
人生って　不思議なものですね

風　散散と　この身に荒れて
思いどおりにならない夢を　失したりして
人はかよわい　かよわいものですね

それでも未来達は　人待ち顔して微笑む
人生って　嬉しいものですね

愛　燦燦と　この身に降って
心秘そかな嬉し涙を　流したりして
人はかわいい　かわいいものですね

ああ　過去達は　優しく睫毛に憩う
人生って　不思議なものですね

ああ　未来達は　人待ち顔して微笑む
人生って　嬉しいものですね

43

✻ イージー・エクササイズ ✻

メロディに合わせて，歌詞の下の数字の動作（右ページ）を行います。

雨　　潸潸（さんさん）と　　この身に落ちて
❶❷　❶　　　❷　　❶　❷　❶　　　❷

わずかばかりの　運の悪さを　恨んだりして
❶　　　　　❷　❶　　　❷　❶❷　　❶❷

人は哀しい　哀しいものですね
❸　❹　　　❸　　　　　❹

それでも過去達は　優しく睫毛（まつげ）に憩（いこ）う
❸　　　❹　　　❸　　　　　❹

人生って　不思議なものですね
❶❷❶❷　❶　　　❷　　　❶❷

44

実践，ヒット曲＆名曲でフィットネス

❶ 指を曲げる（グーにする）

❷ 指をひらく（パーにする）

❸ 両手を前から徐々にあげる

❹ 両手を前から徐々におろす

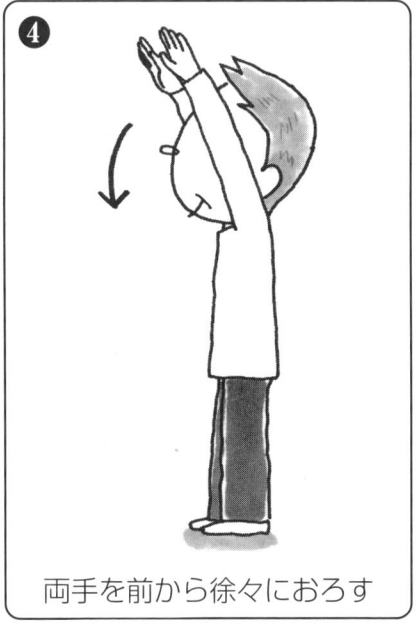

45

＊ エンジョイ・エクササイズ ＊

メロディに合わせて，歌詞の下の数字の動作（右ページ）を行います。

雨　　潸潸と　　この身に落ちて
❶　　❷　　　　❶　　　❷

わずかばかりの　運の悪さを　恨んだりして
❶　　　　　　　❷　　　　　❶　　❷

人は哀しい　哀しいものですね
❸　❹　　　❸　　　　　　❹

それでも過去達は　優しく睫毛に憩う
❸　　　❹　　　　❸　　　　❹

人生って　不思議なものですね
❶❷　　　❶　　　　　　❷

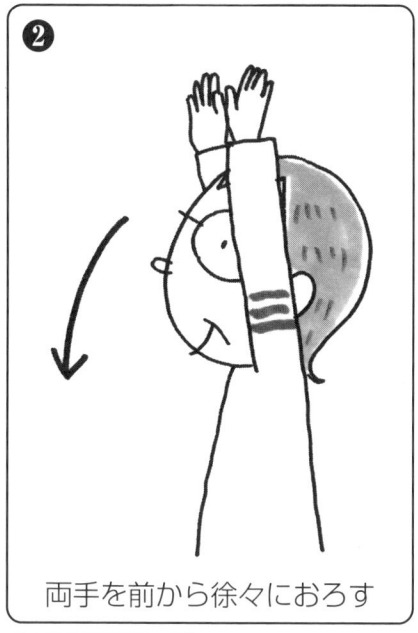

実践，ヒット曲＆名曲でフィットネス

❶ 両手を前から徐々にあげる

❷ 両手を前から徐々におろす

❸ 両手を横から徐々にあげる

❹ 両手を横から徐々におろす

4 「埴生の宿」でフィットネス
美しい歌で，しなやかな身のこなしに

　この「埴生の宿」という歌は，映画「ビルマの竪琴」や「火垂るの墓」にも使われた名曲です。
　もともとは，イングランド民謡ですが，日本人の心にも響く美しい歌です。

美しい歌声を聴けば，気持ちも優雅になります。
気持ちが優雅になれば，自然に身のこなしもしなやかになります。

　「埴生の宿も　わが宿　玉の装い　羨まじ」のところは，ゆっくりとていねいに，「長閑なりや　春の空　花はあるじ　鳥は友」のところは，見せ場のつもりで，大きくからだを動かしましょう。

　心が休まり，気持ちがほっとする，そんな体操です。

おもなからだの動き

指を曲げる（ひらく），腕をあげる（おろす），肩をあげる（さげる）

実践，ヒット曲&名曲でフィットネス

埴生の宿
（はにゅう　やど）

作曲　ビショップ

訳詞　里見　義

埴生の宿も　わが宿
玉の装い　羨まじ
長閑なりや　春の空
花はあるじ　鳥は友
おお　わが宿よ
楽しとも　たのもしや

書読む窓も　わが窓
瑠璃の床も　羨まじ
清らなりや　秋の夜半
月はあるじ　虫は友
おお　わが窓よ
楽しとも　たのもしや

＊ イージー・エクササイズ ＊

メロディに合わせて，歌詞の下の数字の動作（右ページ）を行います。

埴生の　宿も　わが　宿
（はにゅう）
❶　❷　❶❷　❶　❷❶❷

玉の　装い　うらやまじ
　　（よそお）
❶❷　❶❷　❶　❷　❶❷

長閑なりや　春の空
（のどか）
❸　❹　　❸　❹

花はあるじ　鳥は友
❸　❹　　❸　❹

おお　わがやどよ
❶　❷　❶❷❶❷❶❷

楽しとも　たのもしや
❸　❹　❸　　❹

50

実践，ヒット曲＆名曲でフィットネス

❶ 指を曲げる（グーにする）

❷ 指をひらく（パーにする）

❸ 両手を前から徐々にあげる

❹ 両手を横から徐々におろす

✳ エンジョイ・エクササイズ ✳

メロディに合わせて，歌詞の下の数字の動作（右ページ）を行います。

埴生の　宿も　わが　宿
❶　　　❷　　❶　　❷

玉の　装い　うらやまじ
❶　　❷　　❶　　　❷

長閑なりや　春の空
❸　　❹　　❸　❹

花はあるじ　鳥は友
❸　　❹　　❸　❹

おお　わがやどよ
❶　　❷　❶　❷

楽しとも　たのもしや
❸　　❹　　❸　　　❹

実践，ヒット曲＆名曲でフィットネス

❶ 肩を徐々にあげる

❷ 肩を徐々にさげる

❸ 両手を横から徐々にあげる

❹ 両手を横から徐々におろす

✳ チャレンジ・エクササイズ ✳

メロディに合わせて，歌詞の下の数字の動作（右ページ）を行います。

埴生の　宿も　わが　宿
❶　　❷　　❶❷　❶　　❷❶❷

玉の　装い　うらやまじ
❸　　❹　　❸　　　❹

長閑なりや　春の空
❺　❻　　　❺　❻

花はあるじ　鳥は友
❺　❻　　　❺　❻

おお　わがやどよ
❸　　❹❸　❹

楽しとも　たのもしや
❺　❻　❺　　❻

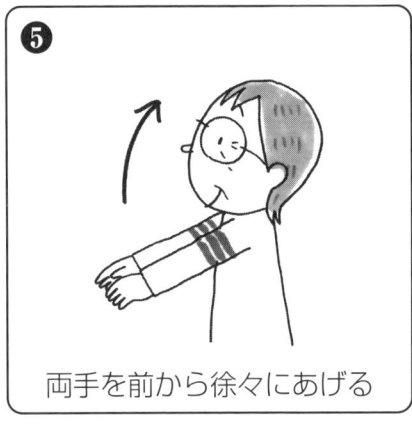

実践，ヒット曲＆名曲でフィットネス

❶ 指を曲げる（グーにする）

❷ 指をひらく（パーにする）

❸ 肩を徐々にあげる

❹ 肩を徐々にさげる

❺ 両手を前から徐々にあげる

❻ 両手を前から徐々におろす

5 「ノーエ節」でフィットネス
まるで宴のように大盛り上がりする楽しい体操

宴のような体操がしたい。

あんなふうに大盛り上がりしながら体操できたら，さぞかし楽しいだろうなあ。

そんなことを，ずっと考えていました。

そんな思いを実現したのが，これです。
「ノーエ節」でフィットネス。

基本的には，やさしい動きを組み合わせていますが，やはり，なんといっても，**この曲にピッタリなのは，手拍子です。**

本当は，最後まで，ずっと手拍子をするだけでも，いいくらいです。

それぐらい，楽しい雰囲気の曲です。

歌うことで，元気に声を出せば，気持ちはスッキリ，気分はもう最高です。

おもなからだの動き

ひざをたたく，指を曲げる（ひらく），手をたたく，足ぶみをする，肩をあげる（さげる）

実践，ヒット曲＆名曲でフィットネス

ノーエ節(ぶし)

静岡県民謡

富士(ふじ)の白雪(しらゆきゃ)ノーエ　富士(ふじ)の白雪(しらゆきゃ)ノーエ
富士(ふじ)のサイサイ　白雪(しらゆきゃ)朝日(あさひ)でとける
とけて流(なが)れてノーエ　とけて流(なが)れてノーエ
とけてサイサイ　流(なが)れて三島(みしま)にそそぐ

三島女郎衆(みしまじょろしゅ)はノーエ　三島女郎衆(みしまじょろしゅ)はノーエ
三島(みしま)サイサイ　女郎衆(じょろしゅ)は御化粧(おけしょ)が長(なが)い
御化粧(おけしょ)ながけりゃノーエ　御化粧(おけしょ)ながけりゃノーエ
御化粧(おけしょ)サイサイ　ながけりゃ御客(おきゃく)がおこる

御客(おきゃく)おこればノーエ　御客(おきゃく)おこればノーエ
御客(おきゃく)サイサイ　おこれば石(いし)の地蔵(じぞう)さん
石(いし)の地蔵(じぞう)さんはノーエ　石(いし)の地蔵(じぞう)さんはノーエ
石(いし)のサイサイ　地蔵(じぞう)さんは頭(あたま)が丸(まる)い

頭(あたま)丸(まる)けりゃノーエ　頭(あたま)丸(まる)けりゃノーエ
頭(あたま)サイサイ　丸(まる)けりゃからすがとまる
からすとまればノーエ　からすとまればノーエ
からすサイサイ　とまれば娘島田(むすめしまだ)

娘島田(むすめしまだ)はノーエ　娘島田(むすめしまだ)はノーエ
娘(むすめ)サイサイ　島田(しまだ)は情(なさ)けでとける

＊ イージー・エクササイズ ＊

メロディに合わせて，歌詞の下の数字の動作（右ページ）を行います。

富士の白雪(しらゆきゃ)ノーエ　富士の白雪(しらゆきゃ)ノーエ
❶　　　　　　　　　❶

富士のサイサイ　白雪(しらゆきゃ)朝日でとける
❷　　❸　　　❶　　　　❷　❸

とけて流れてノーエ　とけて流れてノーエ
❶　　　　　　　　❶

とけてサイサイ　流れて三島にそそぐ
❷　　❸　　　❶　　　　❷　❸

58

実践，ヒット曲＆名曲でフィットネス

❶

ひざを4回たたく

❷ 指を曲げる（グーにする）

❸ 指をひらく（パーにする）

＊ エンジョイ・エクササイズ ＊

メロディに合わせて，歌詞の下の数字の動作（右ページ）を行います。

富士の白雪（しらゆきゃ）ノーエ　富士の白雪（しらゆきゃ）ノーエ
❶　　❷　　❸　　　❶　　❷　　❸

富士のサイサイ　白雪（しらゆきゃ）朝日でとける
❹　　　　　　❺　　　　　❶　❷

とけて流れてノーエ　とけて流れてノーエ
❶　　❷　　❸　　　❶　　❷　　❸

とけてサイサイ　流れて三島にそそぐ
❹　　　　　❺　　　　　　❶　❷

実践，ヒット曲＆名曲でフィットネス

❶ 指を曲げる（グーにする）

❷ 指をひらく（パーにする）

❸ 手を2回たたく

❹ 足ぶみをする（4歩）

❺ ひざを4回たたく

✻ チャレンジ・エクササイズ ✻

メロディに合わせて，歌詞の下の数字の動作（右ページ）を行います。

富士の白雪(しらゆきゃ)ノーエ　富士の白雪(しらゆきゃ)ノーエ
❶　　　　　❷　　　❶　　　　　❷

富士のサイサイ　白雪(しらゆきゃ)朝日でとける
❸　　　　　　❹　❺　　　❷

とけて流れてノーエ　とけて流れてノーエ
❶　　　　　❷　　　❶　　　　　❷

とけてサイサイ　流れて三島にそそぐ
❸　　　　　❹　❺　　❷

62

実践，ヒット曲＆名曲でフィットネス

❶ 足ぶみをする（4歩）

❷ 手を2回たたく

❸ ひざを2回たたく

❹ 肩をあげる

❺ あげた肩をさげる

6 「大漁節」でフィットネス
たいりょうぶし
歌えば元気が出る，元気が出ればからだが動く

　大漁節は，豊漁をお祝いするためにつくられた歌です。
とても威勢のいい，歌うだけで元気が出ます。
元気が出れば，自然にからだが動くようになります。

　からだが動けば，気持ちも楽しくなります。
　さらに，歌うことで気持ちもスッキリします。

　歌の調子に合わせながら，手と腕を大きく動かして，大いに楽しんでやりましょう。
　楽しみながらからだを動かせば，運動効果もあがります。

　とても短くて，覚えやすいメロディです。
　ぜひ，歌いながらやってみてください。

　歌うだけもよし，動くだけもよし。
　もちろん，歌いながら動くのもよし。

―――― おもなからだの動き ――――
指を曲げる（ひらく），手をたたく，ひざをたたく，足ぶみをする，両手をあげる

実践，ヒット曲＆名曲でフィットネス

大漁節
(たいりょうぶし)

千葉県民謡

一つとせ　一番ずつに積み立てて
川口押し込む大矢声　この大漁船

二つとせ　二間の沖から外川まで
続いて寄せ来る大鰯　この大漁船

三つとせ　皆一同に招をあげ
通わせ船の賑やかさ　この大漁船

四つとせ　夜昼焚いても焚き余る
三杯一丁の大鰯　この大漁船

五つとせ　いつ来てみても干鰯場は
あき間もすき間も更にない　この大漁船

六つとせ　六つから六つまで粕割が
大割小割で手に追われ　この大漁船

七つとせ　名高き利根川高瀬船
粕や油を積み送る　この大漁船

八つとせ　八手の沖から若衆が
万祝衣揃えて宮参り　この大漁船

九つとせ　この浦守る川口の
明神ご利益あらわせり　この大漁船

十とせ　十を重ねて百となり
千を飛びこす万漁年　この大漁船

＊ イージー・エクササイズ ＊

メロディに合わせて，歌詞の下の数字の動作（右ページ）を行います。

一つとせ　一番ずつに積み立てて
❶　　　❷　❸

川口押し込む大矢声　この大漁船
❹　　　　　　　　　❶　　❷

二つとせ　二間の沖から外川まで
❶　　　❷　❸

続いて寄せ来る大鰯　この大漁船
❹　　　　　　　　❶　❷

実践，ヒット曲＆名曲でフィットネス

❶ 指を曲げる（グーにする）

❷ 指をひらく（パーにする）

❸ 手を4回たたく

❹ ひざを4回たたく

＊ エンジョイ・エクササイズ ＊

メロディに合わせて，歌詞の下の数字の動作（右ページ）を行います。

一つとせ　一番ずつに積み立てて
❶　　　　❷❸　❷　　　❸

川口押し込む大矢声　この大漁船
❹　　　　　　　　　　❶

二つとせ　二間の沖から外川まで
❶　　　　❷　❸　　❷　❸

続いて寄せ来る大鰯　この大漁船
❹　　　　　　　　　　❶

68

実践，ヒット曲&名曲でフィットネス

❶ 手を2回たたく

❷ 指を曲げる（グーにする）

❸ 指をひらく（パーにする）

❹ 足ぶみをする（8歩）

＊ チャレンジ・エクササイズ ＊

メロディに合わせて，歌詞の下の数字の動作（右ページ）を行います。

一つとせ　一番ずつに積み立てて
❶　　　❷　❸

川口押し込む大矢声　　この大漁船
　　　　おお　や　ごえ
❹　　　　　　　　　　❶　❷

二つとせ　二間の沖から外川まで
　　　　　ふた ま　　　　と がわ
❶　　　❷　❸

続いて寄せ来る大鰯　　この大漁船
　　　　　　おおいわし
❹　　　　　　　　　　❶　❷

実践，ヒット曲＆名曲でフィットネス

❶ 指を曲げる（グーにする）

❷ 両手をあげる（バンザイする）

❸ 手を4回たたく

❹ 足ぶみをする（8歩）

7 「旅愁」でフィットネス
ゆっくりと，静かに，美しく

　「旅愁」の歌とメロディを聴いていると，なんだか，しみじみとした感じがします。

　それもそのはずです。
旅愁の歌詞の中には，次のようなことばが出てきます。

　わびしき思い，ひとりなやむ，夢もやぶれ，こころ迷う

　実は，この曲を選んだ理由も，そこにあります。
　しみじみしたような気持ちになる。つまり，気持ち（こころ）が動くからです。
　こころが動くことも，ひとつの体操と考えているからです。

　明るく元気にからだを動かすことだけが，体操だとは限りません。
「ゆっくりと，静かに，美しく」
ときには，そんな体操をするのもよいものです。

―― おもなからだの動き ――
指を曲げる（ひらく），手をたたく，ひざをたたく，肩をあげる（さげる），頭を横にたおす，頭をまわす，足ぶみをする，両手をあげる（さげる）

実践，ヒット曲＆名曲でフィットネス

旅愁
<small>りょしゅう</small>

作詞　犬童球渓
<small>いんどうきゅうけい</small>

作曲　オードウェイ

更け行く秋の夜　旅の空の
<small>ふ　　ゆ　あき　よ　　たび　そら</small>
わびしき思いに　ひとりなやむ
<small>　　　　おも</small>
恋しやふるさと　なつかし父母
<small>こい　　　　　　　　　　　　ちちはは</small>
夢路にたどるは　故郷の家路
<small>ゆめじ　　　　　　　さと　いえじ</small>
更け行く秋の夜　旅の空の
<small>ふ　　ゆ　あき　よ　　たび　そら</small>
わびしき思いに　ひとりなやむ
<small>　　　　おも</small>

窓うつ嵐に　夢もやぶれ
<small>まど　　あらし　　ゆめ</small>
遥けき彼方に　こころ迷う
<small>はる　　かなた　　　　　　まよ</small>
恋しやふるさと　なつかし父母
<small>こい　　　　　　　　　　　　ちちはは</small>
思いに浮かぶは　杜のこずえ
<small>おも　　　う　　　　　もり</small>
窓うつ嵐に　夢もやぶれ
<small>まど　　あらし　　ゆめ</small>
遥けき彼方に　こころ迷う
<small>はる　　かなた　　　　　　まよ</small>

＊ イージー・エクササイズ ＊

メロディに合わせて，歌詞の下の数字の動作（右ページ）を行います。

更け行く　秋の夜　旅の空　の
❶　　　❷　❶　❷　❶　❷　❶　❷

わびしき　思いに　ひとりなやむ
❶　　　❷　❶　❷　❶　　❷　❶　❷

恋しやふるさと　なつかし父母
❸　　　　　　　❸

夢路にたどるは　故郷の家路
❹　　　　　　　❹

更け行く　秋の夜　旅の空　の
❶　　　❷　❶　❷　❶　❷　❶　❷

わびしき　思いに　ひとりなやむ
❶　　　❷　❶　❷　❶　　❷　❶　❷

実践，ヒット曲＆名曲でフィットネス

❶ 指を曲げる（グーにする）

❷ 指をひらく（パーにする）

❸ 手を4回たたく

❹ ひざを4回たたく

✳ エンジョイ・エクササイズ ✳

メロディに合わせて，歌詞の下の数字の動作（右ページ）を行います。

更（ふ）け行く　秋の夜　旅の空　の
❶　　　　　　　　　　　❶

わびしき　思いに　ひとりなやむ
❷　　　　　　　　　❸

恋しやふるさと　なつかし父母
❹　　　　　　　　❺

夢路にたどるは　故郷（さと）の家路
❶　　　　　　　　❶

更（ふ）け行く　秋の夜　旅の空　の
❶　　　　　　　　　　　❶

わびしき　思いに　ひとりなやむ
❷　　　　　　　　　❸

実践，ヒット曲＆名曲でフィットネス

❶ 肩をあげてさげる

❷ 頭を左にたおして戻す

❸ 頭を右にたおして戻す

❹ 頭を1周まわす（左まわり）

❺ 頭を1周まわす（右まわり）

✳ チャレンジ・エクササイズ ✳

メロディに合わせて，歌詞の下の数字の動作（右ページ）を行います。

更(ふ)け行く　秋の夜　旅の空　の
❶　　　　❷　　❶　❷　❶　❷　❶　❷

わびしき　思いに　ひとりなやむ
❸　　　　　　　　❸

恋しやふるさと　なつかし父母
❹　　　　　　　❹

夢路にたどるは　故郷(さと)の家路
❺　　❻　　　　❺　　　❻

更(ふ)け行く　秋の夜　旅の空　の
❶　　　　❷　　❶　❷　❶　❷　❶　❷

わびしき　思いに　ひとりなやむ
❸　　　　　　　　❸

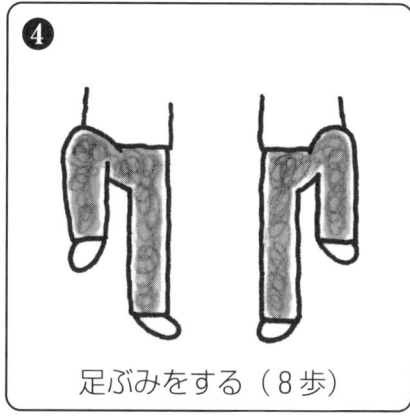

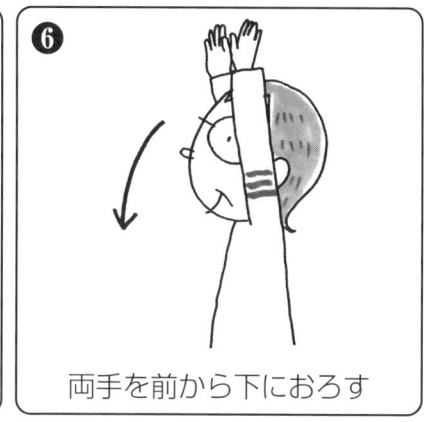

実践，ヒット曲＆名曲でフィットネス

❶ 指を曲げる（グーにする）

❷ 指をひらく（パーにする）

❸ 肩をあげてさげる

❹ 足ぶみをする（8歩）

❺ 両手を前から上にあげる

❻ 両手を前から下におろす

8 「冬景色」でフィットネス
幻想的なことばの響きに，こころが洗われます

「さ霧消ゆる湊江の　舟に白し朝の霜」

冬景色の歌は，このことばから始まります。
幻想的なことばの響きに，こころが洗われるようです。
タイトルの通り，日本の冬の景色を描いた，美しい歌です。

「いち，にい，さん，いち，にい，さん……」という，3拍子のリズムで動きます。
ポイントは，1拍目を強くするようにすること。
そうすることで，リズムがうまくとれるようになります。

テンポが速くて，動きがいそがしいと感じるときには，少しテンポを遅くしてみましょう。

チャレンジ・エクササイズの後半に，手で三角形を描く動きがあります。手と腕を使って，大きな三角形を描くようにしましょう。

―― おもなからだの動き ――
手をたたく，ひざをたたく，グー・チョキ・パー，足ぶみをする，手で三角形を描く

実践，ヒット曲＆名曲でフィットネス

冬景色(ふゆげしき)

文部省唱歌

さ霧(ぎり)消ゆる　湊(みなと)江(え)の
舟(ふね)に白(しろ)し　朝(あさ)の霜(しも)
ただ水鳥(みずとり)の　声(こえ)はして
いまだ覚(さ)めず　岸(きし)の家(いえ)

烏(からす)啼(な)きて　木(き)に高(たか)く
人(ひと)は畑(はた)に　麦(むぎ)を踏(ふ)む
げに小春日(こはるび)の　のどけしや
かへり咲(ざき)の　花(はな)も見(み)ゆ

嵐(あらし)吹(ふ)きて　雲(くも)は落(お)ち
時雨(しぐれ)降(ふ)りて　日(ひ)は暮(く)れぬ
若(も)し燈(ともしび)の　漏(も)れ来(こ)ずば
それと分(わ)かじ　野辺(のべ)の里(さと)

＊ イージー・エクササイズ ＊

メロディに合わせて，歌詞の下の数字の動作（右ページ）を行います。

さ霧　消ゆる　湊江の
❶　　❶　　　❶　❶

舟に　白し　朝のしも
❷　　❷　　❷　　❷

ただ　水鳥の　声はして
❸　　❸　　　❸　　❸

いまだ　覚めず　岸のいえ
❶　　　❶　　　❶　❶

実践，ヒット曲＆名曲でフィットネス

❶ 手を3回たたく

❷ ひざを3回たたく

❸ グー・チョキ・パー

✳ エンジョイ・エクササイズ ✳

メロディに合わせて，歌詞の下の数字の動作（右ページ）を行います。

さ霧　消ゆる　湊江(みなとえ)の
❶　　❶　　　❶　　❶

舟に　白し　朝のしも
❷　　❷　　❷　　　❷

ただ　水鳥の　声はして
❸　　❸　　　❸　　　❸

いまだ　覚めず　岸のいえ
❷　　　❷　　　❷　　❷

実践，ヒット曲＆名曲でフィットネス

❶ 手を3回たたく

❷ グー・チョキ・パー

❸ 足ぶみをする（3歩）

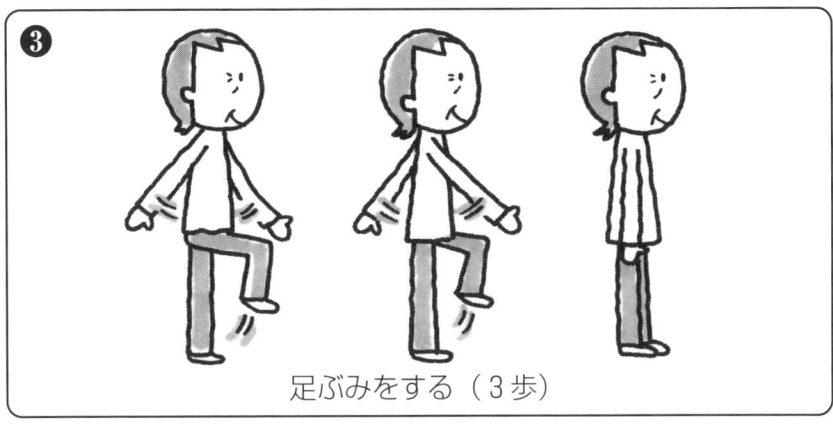

✳ チャレンジ・エクササイズ ✳

メロディに合わせて，歌詞の下の数字の動作（右ページ）を行います。

さ霧　消ゆる　湊江の
❶　　❶　　　❶　❶

舟に　白し　朝のしも
❷　　❷　　❷

ただ　水鳥の　声はして
❸　　❸　　　❸

いまだ　覚めず　岸のいえ
❹　　　❹　　　❹　❹

実践，ヒット曲＆名曲でフィットネス

❶ グー・チョキ・パー

❷ 足ぶみをする（3歩）

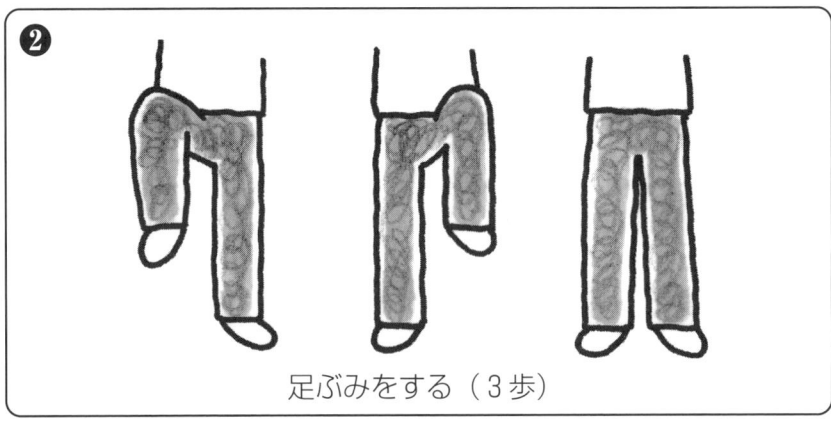

❸ 右手で三角形を描く

❹ 左手で三角形を描く

おわりに

ことばだけでもきちんとわかる動きにこだわる

　この本をつくるときに，どうしても，こだわりたいことがありました。それは，**これまでにないような，わかりやすいフィットネス（体操）の本にする**ことです。

　これまでに，いろいろな体操やダンスの本を見てきましたが，どれも難しいと思うものがほとんどでした。
　「こうやって，それから，こうやって，それから……？」と，途中でわけがわからなくなってしまいます。
　そもそも，連続する一連の動きを，ことばやイラストで表現することは，とても難しい作業なのです。

　また，動きの種類が多すぎて，ぼくにはとても覚えられませんでした。
　ちなみにラジオ体操第一には，13通りの動きがあります。
　あれほど国民に知られているラジオ体操でさえ，「あれ，次の動きは何だっけ？」と，途中でわからなくなることがあります。

　そこで，**もっとわかりやすくするために，ぼくが目指したことは2つ，「動きをシンプルで簡単にすること」と，「動きの種類を極力少なくする（減らす）こと」**です。

おわりに

　たとえば,「涙そうそう」「青葉城恋唄」「愛燦燦」「埴生の宿」のイージー・エクササイズは,「グー・パー」と「バンザイ」だけの２種類の簡単な動作だけでできるので, 驚くほどわかりやすく簡単になりました。
　「それじゃあ, ちょっと簡単すぎるんじゃない？」と, 思うかもしれませんが, いいえ, そんなことはありません。
　たとえどんなにシンプルで簡単な動きでも, 繰り返し行うことで, 適度な運動になります。

　その証拠に, 体操がおわると, 参加者のみなさんは,
「気持ちよかった！」
「スッキリした！」
「楽しかった！」
と言って, 満足して帰って行かれます。

　何年か前に, 盲人老人ホームで, 体操支援の依頼がありました。そこで, ヒット曲＆名曲フィットネスを実践すると, 目の不自由なシニアに, とても喜んでいただくことができました。
　つまり,**ことばだけでもきちんとわかるような動きである**ことが, 実証されたわけです。
　それを, そのまま実現したのが, この本です。

　この本が, 少しでも, みなさまのお役にたつことができれば, うれしく思います。

ムーブメントクリエイター　斎藤道雄

事業案内

クオリティ・オブ・ライフ・ラボラトリー

　現在，次のような仕事をお請けしています。仕事に関するご依頼，ご相談は，お気軽にお問い合わせください。

お請けしている仕事の内容

1　体操講師派遣（デイサービス，介護施設ほか）
2　講演活動（全国各地へうかがいます）
3　人材育成（レクリエーション活動の支援力スキルアップ）
4　執筆（からだを使う遊びやゲーム，をテーマとしたもの）

講演，執筆テーマ

1　シニアのレクリエーション活動をじょうずに支援する
2　身近な道具を利用してできる簡単な運動
3　音楽を利用してできるシニアが動くやさしい体操
4　シニアにできるゲームや遊びのやさしいやり方

　このほか，シニアのレクリエーション活動を支援する上で，お困りのことがございましたら，お気軽にご相談ください。

....

「氏名」「連絡先」「ご依頼内容」を明記の上，
ファックスまたは，メールにてお問い合わせください。
　　　メール：info@michio-saitoh.com
　　　ファックス：03-3302-7955
　　　http://www.michio-saitoh.com

著者紹介

●斎藤道雄
体操講師,ムーブメントクリエイター,クオリティ・オブ・ライフ・ラボラトリー主宰。
まるで魔法をかけたようにシニアのからだを動かす「体操支援のプロ」として活躍。自立するシニアだけではなく,「要介護シニアにこそ体操支援の専門家が必要」とし,多くの介護施設で定期的に体操支援を実践中。
これまでの「体操」のやりかたや,「高齢者」という言葉のイメージにとらわれずに,あくまでも一人ひとりが思う存分にからだを動かすように支援する。言葉がもつ不思議な力を研究し,相手のからだだけではなく気持ちや心に働きかける「斎藤流体操支援法」を編み出す。現場スタッフからは「まるでお年寄りが若返るような体操」「これまでの体操の認識が変わった」「うちのレクリエーションがとても小さく思えた」「(うちの利用者に)こんなに元気があったんだ」と評判となり,顧客を広げる。現場に体操講師を派遣するほか,現場スタッフのための「支援する側もされる側も幸せになる体操支援セミナー」も根強い人気を呼んでいる。

〔おもな著書〕
『魔法のペットボトルで手軽にフィットネス』『シニアもスタッフも幸せになれるハッピーレクリエーション』『車椅子の人も片麻痺の人もいっしょにできる楽しいレク30＆支援のヒント10』(以上,黎明書房),『介護スタッフ20のテクニック―遊びから運動につなげる50のゲーム』『身近な道具でらくらく介護予防―50のアイディア・ゲーム』(以上,かもがわ出版)ほか多数。

イラスト・渡井しおり

シニアのためのヒット曲＆名曲でフィットネス

2013年3月1日　初版発行

著　者	斎　藤　道　雄	
発 行 者	武　馬　久仁裕	
印　　刷	株式会社　太洋社	
製　　本	株式会社　太洋社	

発　行　所　　株式会社　黎　明　書　房

〒460-0002　名古屋市中区丸の内3-6-27　EBSビル
　　☎052-962-3045　FAX 052-951-9065　振替・00880-1-59001
〒101-0047　東京連絡所・千代田区内神田1-4-9
　　　　　　松苗ビル4階　☎03-3268-3470

落丁本・乱丁本はお取替します。　ISBN978-4-654-05881-5
Ⓒ M. Saito 2013,　Printed in Japan
日本音楽著作権協会(出)許諾第1301011-301号

軽い認知症の方にもすぐ役立つ
なぞなぞとクイズ・回想法ゲーム
今井弘雄著　Ａ５判・93頁　1600円

シリーズ・シニアが笑顔で楽しむ①　とんちクイズや四字熟語，ことわざのクイズなど，軽い頭の体操として楽しめる問題を多数収録。軽い認知症の方も楽しめる回想法を使ったゲームを実践例などとともに紹介。

シニアのための座ってできる
健康体操30＆支援のヒント10
斎藤道雄著　Ａ５判・93頁　1600円

シリーズ・シニアが笑顔で楽しむ②　心と身体を元気にする座ったままできる体操30種を，体操のねらい，支援のポイントとあわせて紹介。身体を動かしたくなる雰囲気づくりのコツがわかる「支援のヒント」付き。

要支援・要介護の人も楽しめる
シニアの心と身体が自然に動く歌体操22
斎藤道雄著　Ａ５判・93頁　1600円

シリーズ・シニアが笑顔で楽しむ③　グー・チョキ・パーや手拍子など，シンプルな動きだけでできる，かんたんで楽しい歌体操11曲22種を紹介。身体機能のレベルにかかわらず，誰でも気軽に楽しめます。

シニアが楽しむちょっとしたリハビリのための
手あそび・指あそび
今井弘雄著　Ａ５判・99頁　1600円

シリーズ・シニアが笑顔で楽しむ④　いつでもどこでもかんたんにでき，楽しみながら頭の回転や血液の循環をよくする手あそびと指あそび41種を紹介。『ちょっとしたリハビリのための手あそび・指あそび』改題。

作って楽しむシニアのための
絵あそび・おもちゃ・部屋かざり
枝常　弘著　Ａ５判・93頁　1600円

シリーズ・シニアが笑顔で楽しむ⑤　短時間で完成させることができ，お年寄りが達成感，満足感を得られる絵あそび・おもちゃ・部屋かざり41種を紹介。『かんたん・きれい絵あそび・おもちゃ・部屋かざり』改題。

シニアもスタッフも幸せになれる
ハッピーレクリエーション
斎藤道雄著　Ａ５判・93頁　1600円

シリーズ・シニアが笑顔で楽しむ⑥　支援される側だけでなく，支援する側もいっしょに幸せになれる28のハッピーレクリエーションと，ハッピーレクリエーションを演出する12のテクニックを紹介。

すき間体操で毎日健康
＋介護者の基礎知識
グループこんぺいと編著・木下悦子執筆　Ａ５判・93頁　1600円

シリーズ・シニアが笑顔で楽しむ⑦　すき間時間を使った，効果の上がる楽しい体操を，朝・昼・夜，部位別にイラストを交え紹介。台所やお風呂，布団の上などでのちょっとした筋力運動で，毎日の健康をキープ！

※表示価格は本体価格です。別途消費税がかかります。

■ホームページでは，新刊案内など，小社刊行物の詳細な情報を提供しております。「総合目録」もダウンロードできます。http://www.reimei-shobo.com/

ほら，あれ！ 楽しい
物忘れ・ど忘れ解消トレーニング

今井弘雄著　Ａ５判・93頁　1600円

シリーズ・シニアが笑顔で楽しむ⑧　脳を刺激して血行をよくし，脳の老化を防ぐ，計算や漢字クイズ，記憶力をためすゲーム，手指の体操など，物忘れ・ど忘れを解消するトレーニングを満載。

魔法のペットボトルで
手軽にフィットネス

斎藤道雄著　Ａ５判・93頁　1600円

シリーズ・シニアが笑顔で楽しむ⑨　空のペットボトルが魔法の健康器具に！　立ったままでも座ったままでも手軽にできるペットボトルフィットネスで，自然に楽しく体を動かし，心も体もスッキリ。

シニアを笑わせる49のネタ
会話術＆一発芸＆なぞなぞ＋紙芝居型紙

グループこんぺいと編著・大山敏原案　Ａ５判・94頁　1600円

シリーズ・シニアが笑顔で楽しむ⑩　シニアを楽しく笑わせるネタをイラストとともに紹介。ネタを使う際のポイントも解説。思わずクスリとくるネタを覚えて楽しい会話のきっかけに！

介護予防と転倒予防のための
楽しいレクゲーム45

今井弘雄著　Ａ５判・102頁　1600円

お年寄りが笑顔で楽しむゲーム＆遊び①　高齢者の体力・筋力の維持・向上，機能回復を図る楽しいレクゲーム45種を「歌レク体操」「介護予防のための手あそび・指あそび」「体を動かすレクゲーム」に分け紹介。

思いっきり笑える
頭と体のゲーム＆遊び集

三宅邦夫・山崎治美著　Ａ５判・94頁　1700円

お年寄りが笑顔で楽しむゲーム＆遊び②　いつでもどこでも手軽にできて，頭をきたえ，体がスッキリし，ストレス解消にもなり，みんなが笑顔になるゲームや遊びを45種紹介。

介護予防のための一人でもできる
簡単からだほぐし39

斎藤道雄著　Ａ５判・109頁　1800円

お年寄りが笑顔で楽しむゲーム＆遊び③　お年寄りのケガを防止する，椅子に座って一人でもできる体ほぐしの体操39種をイラストを交えて紹介。効果を高めるポイントや具体的なことばかけなども明記。

毎日が笑って暮らせる
生き生き健康あそび45

三宅邦夫著　Ａ５判・93頁　1600円

お年寄りが笑顔で楽しむゲーム＆遊び④　89歳の著者が，手軽にできて大声で笑いたくなる，体も脳も生き生きするあそび45種を，イラストを交えて紹介。

※表示価格は本体価格です。別途消費税がかかります。

車椅子の人も片麻痺の人もいっしょにできる
楽しいレク30＆支援のヒント10

斎藤道雄著　Ａ５判・93頁　1600円

お年寄りが笑顔で楽しむゲーム＆遊び⑤　車椅子の人も，片麻痺の人も，動かせる部分を思う存分に動かし，無理をせず楽しめるレクを30種紹介。支援の仕方や考え方も詳述。

おおぜいで楽しむゲームと歌あそび

今井弘雄著　Ａ５・92頁　1600円

高齢者の遊び＆ちょっとしたリハビリ③　「何の音でしょう」「もう片方はだれ」などリハビリ効果もあるゲーム23種と「青い山脈」などなつかしい歌に合わせて身体を動かす歌レクリエーション13種を収録。

実際に現場で盛り上がる
ゲーム＆指導のコツ

斎藤道雄著　Ａ５判・94頁　1600円

お年寄りと楽しむゲーム＆レク①　「ゲームを盛り下げない5か条」など，現場経験の豊富な著者が，試行錯誤しながら生み出した指導のコツと手軽に楽しくできる人気のゲーム23種を，イラストとともに紹介。

少人数で楽しむ
レクリエーション12ヵ月

今井弘雄著　Ａ５判・102頁　1600円

お年寄りと楽しむゲーム＆レク②　グループホームなどの小規模施設や小グループで楽しめるレクや歌あそび，集会でのお話のヒント，また，各月にちなんだ行事や食べ物のお話などを月ごとに紹介。

特養でもできる
楽しいアクティビティ32

斎藤道雄著　Ａ５判・93頁　1600円

お年寄りと楽しむゲーム＆レク⑤　生活のリズムを作り，残存機能の維持に役立つ，特養のお年寄りたちが身体を動かせる簡単レク・ゲーム32種紹介。からだを動かすお手伝い／他

Dr・歯科医師・Ns・ST・PT・OT・PHN・管理栄養士みんなで考えた
高齢者の楽しい摂食・嚥下リハビリ＆レク

藤島一郎監修　青木智恵子著　Ｂ５判・130頁　2300円

摂食・嚥下の基礎知識，障害予防，医学的な解説を加えたリハビリなどを楽しいイラストを交え，やさしく紹介。「摂食・嚥下カルタ」収録。特装版（切り取って使える「摂食・嚥下カルタ」付き）Ｂ５判上製・3800円

Dr・歯科医師・Ns・PT・OT・ST・PHN・介護福祉士みんなで考えた
高齢者の楽しい介護予防体操＆レク

藤島一郎監修　青木智恵子著　Ｂ５判・135頁　2600円

一般の方から専門の方まで使える一冊。介護予防の基礎知識から，簡単にできる体力・えん下テスト，根拠をもつ転倒予防・えん下障害予防の運動・体操・レク＆ゲームなど，楽しいイラストを交え紹介。

※表示価格は本体価格です。別途消費税がかかります。